Andrea Quigley
Pau Morgan

Bassermann

Inhalt

Fleißige Bienen

Bienengedichte ...4

Die ersten Bienen ...6

Bienenvielfalt ...8

Der Bienenkörper ...10

Spiel des Lebens ...12

Honig, Früchte, Nüsse ...14

Selbst bestäuben ...16

Die Sinne der Biene

Bastle ein Nektarcafé ...18

So sieht die Biene ...20

Mosaikblumen ...21

Auf Nektarsuche ...22

Tanz den Bienentanz! ...23

Trinken wie eine Biene ...24

So leben Bienen

Rund um den Erdball ...26

Honigbienen ...28

Ihre Majestät, die Königin ...29

Das Leben im Bienenstock ...30

Imker ...32

Wie machen Bienen Honig? ...34

Verschiedene Honigsorten ...35

Als Bienen und Elefanten noch Freunde waren ...36

Wie der Imker das mit dem Honig macht, erfährst du auf Seite 32.

Wie eine Biene tanzen kannst du auf Seite 23.

Bastle ein Nektarcafé auf Seite 18.

Bastle dir deine eigene flauschige Hummel auf Seite 42.

Säe Wildblumen, um Bienen anzulocken (siehe S. 52).

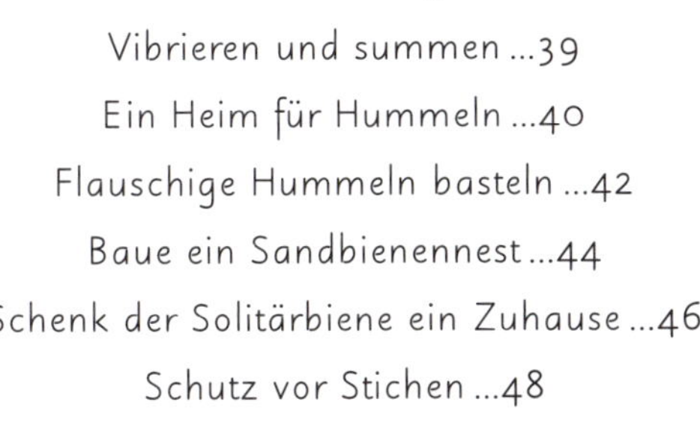

Hummeln ...38

Vibrieren und summen ...39

Ein Heim für Hummeln ...40

Flauschige Hummeln basteln ...42

Baue ein Sandbienennest ...44

Schenk der Solitärbiene ein Zuhause ...46

Schutz vor Stichen ...48

Bienen retten

Was Bienen schadet ...50

Saatbomben ...52

Bienen brauchen Wasser! ...54

Wasserschale für Bienen ...55

Bienen und Elefanten helfen ...56

Honigkekse ...58

Schablonen ...60

Glossar ...62

Register ...64

Alles über Wasserschalen für durstige Bienen erfährst du auf Seite 55.

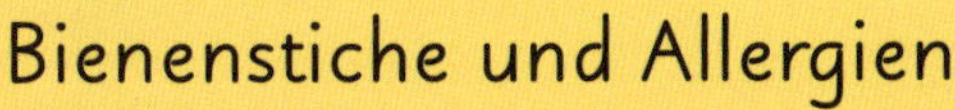

Bienenstiche und Allergien

- Bei einem Bienenstich sollte der Stachel entfernt und umgehend ein Arzt aufgesucht werden.
- Besondere Vorsicht ist bei Schwindel, Atemnot oder einer bekannten Allergie gegen Bienengift geboten.
- Bei einer bekannten und ausgeprägten Bienengiftallergie ist ärztlicher Rat einzuholen und eventuell Epinephrin (Adrenalin) bereitzuhalten.

Bienengedichte

Stell dir vor, du wärst eine Biene.

Wie sehr versüßt die kleine Bien'

Wie sehr versüßt die kleine Bien'
uns jeden strahlend' Tag!
Sie sammelt Honig, fliegt hierhin
und dorthin, wo sie mag.

Wie artig sie die Wabe macht,
so sauber, hell und licht!
Sie müht sich stets und gibt fein acht,
dass es an Honig nie gebricht.

ISAAC WATTS (1674–1748)

Fleißiges Bienchen

Ganz glücklich summ ich vor mich hin,
versink im Nektar bis zum Kinn,
geb niemals auf, geb niemals Ruh',
mach abends erst die Augen zu.

Kannst du auch ein Bienengedicht schreiben?

Die ersten Bienen

Vor rund 200 Millionen Jahren gab es weder Blumen noch Bienen. Damals durchstreiften große und starke Dinosaurier die Erde, die große und starke Pflanzen fraßen.

Doch allmählich veränderten sich die Dinge. Im Laufe vieler Millionen Jahre begannen die Pflanzen, kleine, blasse Blüten hervorzubringen.

Käfer und Fliegen besuchten die Blüten, um von ihren leckeren **Pollenkörnern** zu kosten.

Vor etwa 130 Millionen Jahren tauchten dann die ersten Wespen auf. Sie fraßen die Insekten auf den Blüten, fanden den Pollen aber auch sehr lecker. Manche Wespen fanden ihn sogar so lecker, dass sie fortan keine Insekten mehr fraßen und sich in Bienen verwandelten.

Dadurch, dass die Bienen den Pollen von einer Pflanze zur anderen trugen (siehe S. 14–15), wuchsen mehr Pflanzen. Die Blüten dufteten nun und sie besaßen große Blütenblätter in auffälligen Farben, mit denen sie Bienen anlockten. Und sie produzierten süßen **Nektar**, von dem sich die Bienen ernährten.

Wusstest du schon …?

Das älteste Bienenfossil, das je gefunden wurde, ist rund 100 Millionen Jahre alt. Diese Biene ähnelt noch eher einer Wespe, jüngere Fossilien aber – von vor etwa 50 Millionen Jahren – zeigen Bienen, die schon genauso aussehen wie die, die wir heute kennen.

Bienenvielfalt

Auf der Erde gibt es viele verschiedene Bienen, etwa **Honigbienen, Solitärbienen, Hummeln** und **Stachellose Bienen.**

Honigbienen

Honigbienen leben in **Völkern** zusammen und produzieren **Honig.** Um die meisten Honigbienen kümmern sich Imker, es gibt aber auch wild lebende Honigbienen. Die männlichen **Drohnen** und die **Arbeiterinnen** arbeiten alle für die **Königin.** Es gibt insgesamt nur sieben Honigbienenarten.

Solitärbienen

Solitärbienen leben allein oder in kleinen Gruppen einzelner Nester zusammen. Jede Solitärbienenart bevorzugt andere Wildblumen. Sie ernähren sich ausschließlich von Pollen und Nektar. Es gibt rund 19 200 verschiedene Solitärbienenarten auf der Welt.

Wenn dir eine Biene über den Weg schwirrt, sieh sie dir genau an. Zeichne ein Bild von ihr. Kannst du herausfinden, um welche Bienenart es sich handelt?

Aber Vorsicht: Komm nicht zu nah heran! Wir sind gern für uns – und manche von uns können stechen!

Ackerhummel

Amerikanische Hummel

Steinhummel

Hummeln

Hummeln sind dick, rund und pelzig. Sie leben in der Natur in kleinen Völkern mit einer Königin zusammen. Sie produzieren nur wenig wässrigen Honig in ihren Nestern, gerade genug, um die Königin und die **Larven** zu ernähren – für uns Menschen reicht er nicht! Es gibt etwa 250 verschiedene Hummelarten.

Stachellose Bienen

Stachellose Bienen sind in den tropischen Gegenden Asiens, Australasiens und Südamerikas heimisch. Sie produzieren Honig und leben in Völkern zusammen. Sie können nicht stechen, beißen aber, wenn sie sich bedroht fühlen. Es gibt 500 bis 600 verschiedene Arten von Stachellosen Bienen (siehe S. 49).

Der Bienenkörper

Da Bienen Insekten sind, besitzen sie keine Knochen wie wir. Dafür sind sie von einem harten Panzer, einem Außenskelett, umgeben. Wie alle Insekten verfügen auch Bienen über sechs Beine, ihr Körper ist in drei Abschnitte unterteilt: in Kopf sowie Vorder- und Hinterleib. Unten ist eine Honigbiene zu sehen, doch gleichen sich die Körper aller Bienen.

Fühler (Antennen)

Mit den **Fühlern** tastet, schmeckt und riecht sich die Biene durch den dunklen Bienenstock, mit ihnen erkundet sie Blumen und begrüßt Artgenossen.

Rüssel

Die lange Zunge einer Biene nennt man **Rüssel.** Damit kann sie Nektar und Wasser aufsaugen.

Punktaugen (Ocellen)

Die drei kleinen, punktförmigen Augen helfen der Biene bei der Orientierung im dunklen Bienenstock.

Mundwerkzeuge (Mandibeln)

Mit ihren Kiefern oder **Mandibeln** kaut die Biene Pollen und formt das **Wachs** für den Bienenstock. Manche Solitärbienen kauen damit auch Blätter oder Holz.

Facettenaugen

Die riesigen Augen seitlich am Kopf nennt man Komplex- oder Facettenaugen. Sie setzen sich aus Tausenden kleinerer Augen zusammen (siehe S. 20–21).

Füße

Auch ihre Füße benutzt die Biene, um sich ihren Weg zu ertasten, zu erschmecken und zu erriechen. Zudem kann sie damit fühlen, wenn andere Bienen den Schwänzeltanz (siehe S. 22) aufführen.

Flügel

Vorder- und Hinterflügel der Biene sind zu einem einzigen großen, kräftigen Flügel verhakt, sodass die Biene schnell und präzise fliegen kann. Außerdem fächelt sie dem Bienenstock damit Luft zu und kühlt ihn.

Atemlöcher

Bienen haben keine Lunge wie wir. Stattdessen verfügen sie auf jeder Seite ihres Körpers über zehn Atemlöcher, durch die sie die Luft einsaugen und die Luftsäcke im Körper füllen.

Pollenkörbchen

In den »Pollenkörbchen« an den Hinterbeinen transportieren Honigbienen und Hummeln den Pollen zum Bienenstock. Sie bestehen aus steifen Härchen, an denen der Pollen besonders gut haften bleibt. Solitärbienen transportieren den Pollen stattdessen an langen Haaren unter dem Vorderleib.

Stachel

Nur weibliche Bienen besitzen einen Stachel. Damit verteidigen sie sich gegen Honigdiebe oder Feinde, die den Bienenstock bedrohen.

Spiel des Lebens

Die Biene durchläuft in ihrem Leben vier Stadien: **Ei,** Larve, **Puppe** und erwachsene Biene. Mal sehen, wie lange du brauchst, um dich in diesem Spiel zu einer ausgewachsenen Honigbiene zu entwickeln!

Du brauchst

- Würfel
- Spielsteine aus Papier und Buntstifte
- Ein paar Freunde!

Und so geht's:

1. Schneide kleine Papierkreise aus – das sind eure Spielsteine – und male sie für jeden Spieler in einer anderen Farbe an.
2. Nun wird abwechselnd gewürfelt und der Spielstein um die gewürfelte Zahl nach vorn gesetzt. Ihr folgt dabei dem gelben Pfad und den Anweisungen in den Waben.
3. Der Erste, der eine Biene geworden ist, hat gewonnen!

Wusstest du schon ...?

Solitärbienen lassen die Eier mit ausreichend Nahrung an einem sicheren Ort zurück. Die Eier entwickeln sich allein weiter. Wie die Tiere ihre Nester sicher machen, erfährst du auf Seite 46–47.

Honig, Früchte, Nüsse

Beim Stichwort Biene denkst du wahrscheinlich zuerst an köstlichen Honig, doch tatsächlich müssten wir ohne Bienen auf viele leckere Sachen verzichten, z.B. auf die meisten Früchte und Nüsse. Denn Bienen sind Teil der sogenannten **Bestäubung.**

Pollen und Nektar dienen Bienen als Nahrung. Der eiweißreiche Pollen hilft den Bienen beim Wachsen, der zuckerreiche Nektar schenkt ihnen Energie.

Die Bienen sammeln den Pollen in ihren Pollenkörbchen oder in den langen Härchen unter dem Vorderleib. Den Nektar saugen sie mit dem Rüssel auf (siehe S. 24–25).

Die Biene fliegt zu einer anderen Blume, um mehr Nektar aufzusaugen. Dabei streift sie einen Teil des Pollens an ihrem Körper an der **Narbe** der Blume ab.

Der Pollen wird von der Narbe zur Mitte der Blüte weitergeleitet. So wird die Blüte **befruchtet** und bildet **Samen.** Um die Samen herum entsteht eine Frucht oder eine Nuss, dann stirbt die Blüte ab. Tiere fressen die köstlichen Früchte und Nüsse und helfen so bei der Verbreitung der Samen, aus denen neue Pflanzen wachsen.

Wusstest du schon ...?

Nicht nur Bienen, auch Schmetterlinge, Schwirrfliegen, Käfer, Vögel, Fledermäuse und sogar der Wind transportieren den Pollen von einer Pflanze zur anderen.

FORSCHEN

Selbst bestäuben

Bienen fliegen von Blume zu Blume, um Pollen und Nektar zu sammeln. Während sie den Nektar aufsaugen, bestäuben sie die Blüten. Welche Blumen enthalten die meiste Nahrung und lassen sich am besten bestäuben?

Du brauchst

- Papier
- Klebeband
- Pinsel
- Verschiedene Arten von Blumen
- Glitter
- Buntstifte oder Wachsmalstifte und ein Notizbuch

Und so geht's

1. Bitte einen Erwachsenen, dir beim Ausschneiden einer Biene nach der Schablone auf Seite 60 zu helfen. Klebe sie mit Klebeband ans untere Ende des Pinsels.
2. Sieh dir die Blumen genau an: Sind sie offen und ähneln Untertassen oder geschlossen mit vielen Blütenblättern?
3. Tauche den Pinsel in den Glitter und übertrage den Glitter in die Mitte der Blüten.

Probiere das an Blumen mit verschiedenen Formen aus.

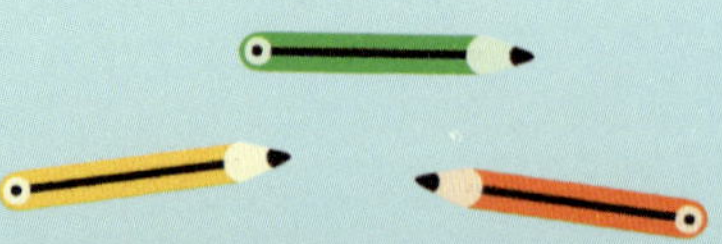

4 Male die verschiedenen Blumen in dein Notizbuch und halte fest, wie viel Glitter sich jeweils in der Mitte der Blüte befindet. Welche Blume ließ sich am einfachsten »bestäuben«, welche am schwersten?

Was kannst du beobachten?

Sieh dir an, wie viel Glitter jeweils in die Mitte der Blüten gelangt. Für Bienen ist es einfacher, offene, einzelne Blüten wie die von Gänseblümchen zu bestäuben. Sehr viel schwieriger ist es für Bienen, in »ausgefallenen« Blüten mit vielen Reihen von Blütenblättern Pollen und Nektar zu finden. Deshalb gibt es in der Natur auch viel mehr schlichte Blüten.

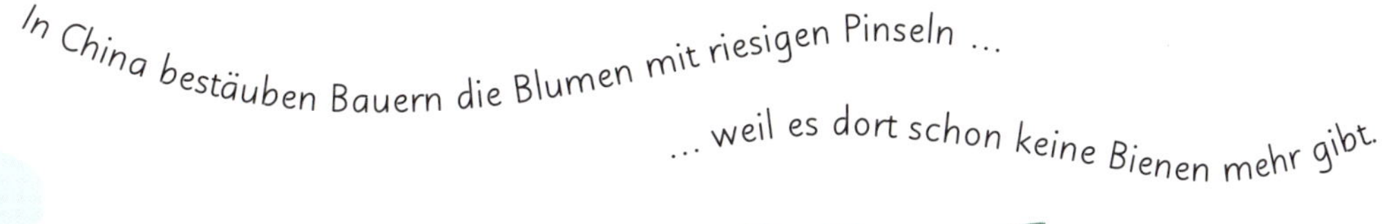

Chinesische Bienen

Im Südwesten Chinas sind Bienen bereits ausgestorben, da sie nirgends mehr nisten konnten, keine Nahrung mehr fanden und von **Insektiziden** getötet wurden. Deshalb müssen die chinesischen Bauern die Arbeit der Bienen mit übernehmen. Sie betupfen die Obstbäume mit Pollen.

Bastle ein Nektarcafé

Bienen sind ständig auf der Suche nach Blumen, aus denen sie trinken können. Welche Blumenfarbe mögen sie am liebsten? Finde es mit deinem Nektarcafé heraus!

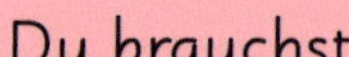

Dieses Freiluftexperiment führst du am besten an einem warmen und sonnigen Sommertag durch.

Du brauchst

- Pauspapier
- Dicken Karton
- Stifte und Farbe
- Schere
- Klarsichtfolie
- Klebeband
- Reißzwecke
- Stock
- Lineal
- Schwamm
- Klebstoff
- Zucker und Wasser

Und so geht's

1. Pause die Blume mithilfe der Schablone auf Seite 60 ab und übertrage sie auf Karton. Schneide sie aus. Fertige insgesamt fünf Blumen an.
2. Male die Blumen an: eine in Rot, eine in Gelb, eine in Blau und die beiden übrigen in einer Farbe deiner Wahl. Du kannst sie auch mit einem Muster bemalen.
3. Umhülle die Blumen mit Klarsichtfolie und befestige die Folie mit Klebeband. Du kannst auch einen Erwachsenen bitten, sie zu laminieren.

Nektar ist meine Leib-und-Magen-Speise!

4 Bitte einen Erwachsenen, die Blume in der Mitte mit einer Reißzwecke an einem Stock zu befestigen. Der Stock ist der Stängel der Blume. Fixiere falls nötig die Reißzwecke mit Klebeband.

5 Schneide aus einem Schwamm einen Kreis (ca. 2 cm Ø) aus. Klebe den Kreis in die Mitte der Blume und lass den Klebstoff über Nacht trocknen.

6 Löse 1 Teelöffel Zucker in ¼ Liter Wasser auf. Träufle etwas von dem Zuckerwasser auf den Schwamm in der Mitte der Blume.

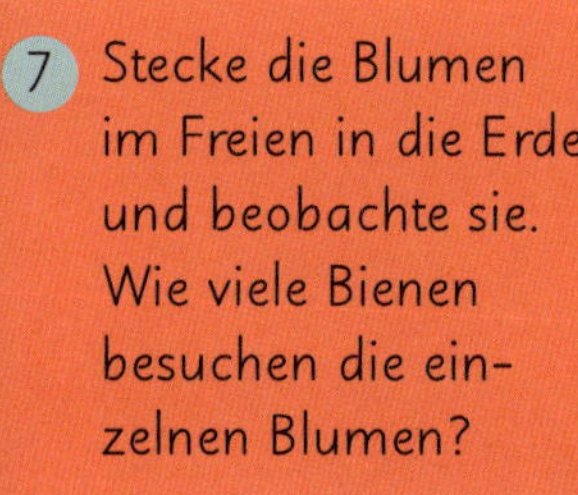

7 Stecke die Blumen im Freien in die Erde und beobachte sie. Wie viele Bienen besuchen die einzelnen Blumen?

Was kannst du beobachten?

Bienen mögen alle möglichen Arten von Blumen, am liebsten aber mögen sie Blumen mit gelben, blauen oder lilafarbenen Blüten. Diese Farben können die Bienen am besten sehen (siehe S. 20–21). So sind Blumen, die Bienen als Bestäuber benutzen, auch meist gelb, blau oder violett.

Vergiss nicht, in deinem Café auch Wasser anzubieten (siehe S. 55)!

Wusstest du schon ...?

Auch viele andere Insekten lieben Nektar. Mit seinen zahlreichen **Kohlenhydraten** stellt er eine wichtige Nahrungsquelle dar. Vielleicht besuchen auch Schmetterlinge, Motten, Schwirrfliegen und Käfer dein Nektarcafé?

WISSEN

So sieht die Biene

Bienen können sehr gut sehen. Sie besitzen zwei Arten von Augen, und jede Augenart hat ihre eigene Aufgabe.

Facettenaugen

Diese beiden riesigen Augen setzen sich aus vielen kleinen Augen zusammen. Sie ermöglichen es der Biene, schnell und unfallfrei in die richtige Richtung zu fliegen.

Punktaugen

Die drei kleineren Augen oben auf dem Kopf der Biene helfen ihr bei der Lichtwahrnehmung und bei der Orientierung.

Bienen-Violett

Wie wir Menschen sehen auch Bienen in Farbe. Wir können Rot, Gelb und Blau sowie alle Farben dazwischen sehen, wie bei einem Regenbogen. Bienen hingegen sehen Gelb, Blau und Lila, aber kein Rot. Rote Gegenstände sehen für sie schwarz oder grau aus. Dafür können Bienen aber **ultraviolettes Licht (UV-Licht)** sehen und wir Menschen nicht. Deshalb nennen wir es Bienen-Violett.

Ich kann Rot sehen!

Blume bei Tageslicht

Ich kann Bienen-Violett sehen!

Blumen bei UV-Licht

Mosaikblumen

Jeder kleine Abschnitt des Facettenauges sieht einen Teil des Gesamtbilds – wie bei einem Mosaik. Sieh mit dieser Mosaikblume doch selbst mal wie eine Biene!

Du brauchst

- Lilafarbene Papierreste in verschiedenen Schattierungen
- Gelbe Papierreste
- Schere
- Weißen Karton
- Bleistift
- Klebestift

Und so geht's

1. Schneide mithilfe eines Erwachsenen die Papierreste in kleine Quadrate, Rechtecke und Dreiecke.
2. Zeichne eine Blume auf den Karton (du kannst dafür auch die Schablone auf S. 60 verwenden).
3. Klebe die Quadrate, Rechtecke und Dreiecke auf die Blume. Jetzt siehst du wie eine Biene!

Das Bienen-Violett hilft der Biene, den Nektar in der Blume zu finden.

Wusstest du schon …?

Manche Blumen besitzen spezielle Muster in Bienen-Violett, die »UV-Male«, die Bienen zeigen, wo sie landen können, um am besten an den Pollen und Nektar heranzukommen. Wie nett von den Blumen!

Auf Nektarsuche

Wenn eine Honigbiene Nektar gefunden hat, fliegt sie in den Bienenstock zurück und lässt die anderen Bienen davon kosten. Ist der Nektar gut, wollen die Bienen natürlich mehr davon!

Doch woher wissen sie, wo es ihn gibt?

Bienen kommunizieren über das Tanzen! Hält eine Biene den Nektar für gut, tanzt sie aufgeregt. Das bemerken die anderen Bienen und sie stimmen in den Tanz mit ein.

Ist der Nektar in der Nähe, tanzt die Biene im Kreis – das nennt man den Rundtanz.

Wir tanzen im Kreis!

Mit dem Schwänzeltanz finden Bienen Nektar, der weit entfernt ist.

Befindet sich der Nektar weiter weg, tanzt die Biene eine Acht – das nennt man den Schwänzeltanz. Die Mittellinie in der Acht zeigt den Bienen die Richtung, in die sie fliegen müssen. Und wie weit sie fliegen müssen, erkennen sie an der Länge des Tanzes.

Da ist er ja!

Tanz den Bienentanz!

Begib dich mit deinen Freunden auf Süßigkeitensuche!

Du brauchst
- Musik
- Süßigkeiten
- Ein paar Freunde!

Und so geht's

Wählt einen Bereich als Bienenstock aus – dort wird getanzt und Musik gespielt. Anschließend versteckst du die Süßigkeiten an zwei Orten: Einer ist in der Nähe, der andere weiter weg.

Der Rundtanz

Gib deinen Freunden im Bienenstock eine der Süßigkeiten in der Nähe zum Kosten. Tanze im Kreis und wackle dabei immer wieder mit dem Po, wie eine Biene. Deine Freunde müssen in den Tanz mit einstimmen. Ist die Musik zu Ende, fliegen sie aus, bis sie die Süßigkeiten gefunden haben.

Der Schwänzeltanz

Gib deinen Freunden im Bienenstock eine der weiter weg versteckten Süßigkeiten zum Kosten. Tanze eine Acht; die Mittellinie der Acht sollte in die Richtung zeigen, in der die Süßigkeiten versteckt sind. Deine Freunde müssen in den Tanz mit einstimmen. Ist die Musik zu Ende, fliegen sie aus, bis sie die Süßigkeiten gefunden haben.

Trinken wie eine Biene

Mit ihrem Rüssel saugen Bienen den süßen Nektar aus den Blüten. Dieser Rüssel sieht ein wenig aus wie ein Strohhalm. Probiere es doch selbst einmal aus, wie eine Biene zu trinken!

Du brauchst

- Strohhalme
- Schere
- Teelöffel
- Wasser
- Tasse
- Einen hohen Becher
- Untertasse

Und so geht's

1. Bitte einen Erwachsenen, dir beim Zurechtschneiden der Strohhalme in zwei verschiedenen Längen (3 und 6 cm) zu helfen; einen Strohhalm lässt du ganz.

2. Gib 1 Teelöffel Wasser in jeden Behälter (Tasse, hoher Becher, Untertasse).

3. Nimm die Strohhalme nacheinander in den Mund und halte sie jeweils mit den Lippen fest. Versuche, Wasser aus jedem Behälter zu trinken, ohne die Hände zu benutzen!

Welcher Strohhalm funktioniert bei welchem Behälter am besten?

Was kannst du beobachten?

- Der kurze Strohhalm funktioniert gut bei der Untertasse, ist für die anderen Behälter aber zu kurz.
- Der mittellange Strohhalm funktioniert gut bei der Tasse, ist für den Becher aber zu kurz.
- Mit dem langen Strohhalm kommst du bis auf den Boden des Bechers, für Tasse und Untertasse eignet er sich eher nicht.

Finde die geeignete Blume

Blumen gibt es in verschiedenen Formen und Größen – wie deine Behälter. Und die verschiedenen Bienenarten haben verschieden lange Rüssel – wie deine Strohhalme. Folge dem Pfad jeder Biene, um herauszufinden, welche Blumen sie mag.

Rund um den Erdball

Auf der ganzen Welt gibt es viele verschiedene Arten von Bienen. Hier möchten wir dir einige von ihnen vorstellen.

NORD-AMERIKA

MITTEL-AMERIKA

SÜD-AMERIKA

Die amerikanischen Schmal- und Furchenbienen besitzen metallisch glänzende Körper, die im Licht schimmern.

Die Kürbisbienen bestäuben am Morgen die Kürbispflanzen, nachts schläft die männliche Kürbisbiene in der Blüte der Pflanze.

Die alten Maya verehrten den Bienengott Ah-Muzen-Kab (»Honigsammler«). Sie hielten sich Stachellose Bienen und verwendeten den Honig als Medizin. Ihre Bienen nannten sie Königliche Hoheit oder Xunan Kab. Auch heute noch wird Honig in Mittelamerika sehr geschätzt.

Stachellose Bienen haben eine Königin, Arbeiterinnen und Drohnen, wie Honigbienen auch. Die südamerikanische Art *Tetragonisca angustula* umfasst vier Unterarten.

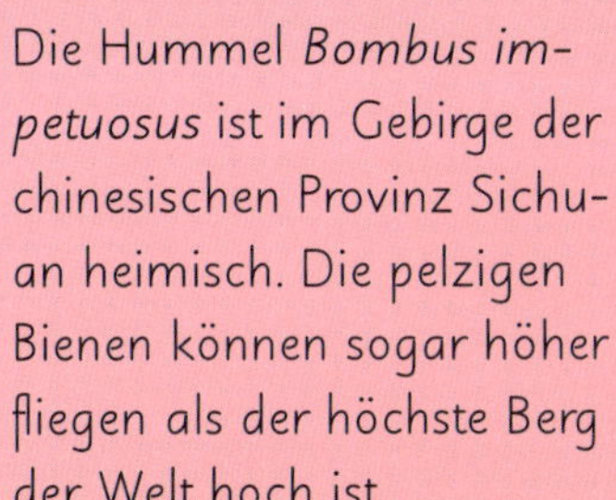

Die Westliche Honigbiene gelangte in den 1620er-Jahren durch Europäer nach Amerika, in den 1820er-Jahren nach Australien und in den 1850er-Jahren nach Neuseeland.

Die Hummel *Bombus impetuosus* ist im Gebirge der chinesischen Provinz Sichuan heimisch. Die pelzigen Bienen können sogar höher fliegen als der höchste Berg der Welt hoch ist.

Die Riesenhonigbiene (Länge: 17–20 mm) lebt im Hochgebirge Nepals. Der Mensch erklimmt steile Felswände, um an ihren Honig zu gelangen – eine sehr gefährliche Arbeit.

Die größte Biene der Welt, *Megachile pluto*, misst 39 Millimeter (zumindest die Weibchen). Sie hat eine Flügelspannweite von sagenhaften 63 Millimetern.

Die ersten Bienen kamen vor rund 100 Millionen Jahren aus Afrika. Heute gibt es weltweit etwa 25 000 verschiedene Bienenarten, nur in der Antarktis sind sie nicht heimisch.

Die kleinste Biene der Welt, *Quasihesma clypearis*, misst nur 1,8 Millimeter. Sie ist so winzig, dass man sie mit bloßem Auge kaum erkennt.

Auch aus der Südseemyrte oder Manuka-Pflanze gewinnen Bienen Honig, den Manuka-Honig, der heute zur Behandlung von Erkrankungen verwendet wird.

Honigbienen

Ein Bienenvolk umfasst mitunter Tausende von Honigbienen. Allerdings gibt es nur eine Königin, dafür aber sehr viele Arbeiterinnen. Jede Biene hat ihre ganze eigene Aufgabe.

Die Königin

In jedem Bienenvolk gibt es nur eine Königin. Sie ist die größte Biene im Bienenstock und Mutter aller anderen Bienen des Volks. Pro Tag legt sie bis zu 2000 Eier, ihre Lebensspanne beträgt ein bis drei Jahre. Früher konnten Königinnen bis zu sechs Jahre alt werden, das kommt heute aber nur noch selten vor.

Drohnen

Als Drohnen werden die männlichen Bienen bezeichnet. Ihre einzige Aufgabe besteht darin, sich mit der Königin zu paaren. Um sie ausfindig zu machen, haben Drohnen besonders große Augen, und mit den großen, kräftigen Flügeln können sie sehr schnell fliegen und die Königin einfangen. Im Winter werfen die Arbeiterinnen die Drohnen, die wertvollen Honig fressen, aus dem Bienenstock. In der Kälte und ohne Nahrung sterben die Tiere bald.

Arbeiterinnen

Die Arbeiterinnen verrichten, wie der Name schon verrät, die ganze Arbeit im Bienenstock. Sie kümmern sich um die Königin und die jungen Bienen, sie machen Honig, bewachen den Bienenstock und holen Nahrung. Bei diesen Aufgaben wechseln sie sich ab. Da sie so schwer arbeiten, leben sie im Sommer nur sechs Wochen lang, im Winter können sie allerdings bis zu sechs Monate alt werden.

Ihre Majestät, die Königin

Die Königin braucht ihre Energie zum Legen der Eier, alles andere müssen die Arbeiterinnen machen. Was wärst du lieber?

Du brauchst

- Würfel
- Stoppuhr
- Freunde und Familie
- Krone (optional)

Und so geht's

1. Würfelt abwechselnd. Wer die erste Sechs würfelt, darf zuerst Königin sein. Die anderen sind zunächst die Arbeiterinnen.
2. Stellt die Stoppuhr auf fünf Minuten. In dieser Zeit müssen die Arbeiterinnen alles machen, was die Königin verlangt: ihr die Haare kämmen, ihr etwas zu essen bringen, einen Purzelbaum schlagen ...
3. Tut die Königin etwas selbst, steht sie z.B. auf oder spielt mit ihrem Haar, ist ihre Zeit abgelaufen. Würfelt erneut, um eine neue Königin zu finden.

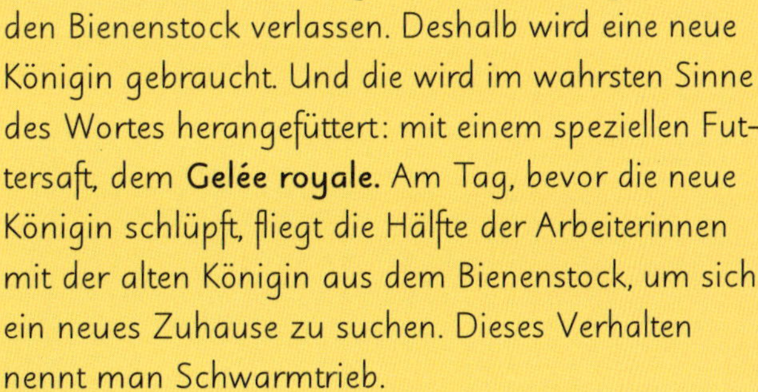

Eine neue Königin für den Stock

Wird ein Bienenvolk zu groß, müssen einige Bienen den Bienenstock verlassen. Deshalb wird eine neue Königin gebraucht. Und die wird im wahrsten Sinne des Wortes herangefüttert: mit einem speziellen Futtersaft, dem **Gelée royale.** Am Tag, bevor die neue Königin schlüpft, fliegt die Hälfte der Arbeiterinnen mit der alten Königin aus dem Bienenstock, um sich ein neues Zuhause zu suchen. Dieses Verhalten nennt man Schwarmtrieb.

Das Leben im Bienenstock

Wilde Honigbienen leben oft im Stamm eines hohlen Baums. Der Stock besteht aus Wachswaben, in denen Honig oder Pollen gelagert wird, die Eier gelegt und Bienen aufgezogen werden.

In der Geschichte auf den Seiten 36-37 erfährst du, warum Bienen hohle Bäume mögen!

Die Arbeiterinnen produzieren das Bienenwachs. Sie kauen es, bis es so weich ist, dass sie es zu sechseckigen Waben formen können.

Waben voller Honig, der Nahrung der Bienen

Die Königin ist von Arbeiterinnen umgeben, die ihr helfen.

Waben voller Pollen, der Nahrung für die Bienenlarven

Die jungen Arbeiterinnen füttern die Bienenlarven.

Die Wabe der Königin ist größer als die der anderen Bienen.

Eine ausgewachsene Biene knabbert sich den Weg aus der Wabe (siehe »Spiel des Lebens«, S. 12–13).

Arbeiterinnen schwärmen aus, um nach Nahrung zu suchen.

Ein kleines Experiment

Pause die beiden Formen unten jeweils sechsmal ab. Schneide sie aus und versuche, sie jeweils zu einem Bienenstock zusammenzusetzen. Was geschieht?

Das perfekte Zuhause

Wachs ist für Bienen sehr wertvoll. Die Tiere brauchen acht Gramm Honig, um ein Gramm Wachs herzustellen. Honigwaben sind aus einem bestimmten Grund sechseckig: Diese Form benötigt die geringste Menge an Baumaterial, also Wachs. Außerdem lässt sie sich sehr rasch bauen und stellt den Bienen den größtmöglichen Raum zum Lagern des Honigs zur Verfügung.

Imker

Wilde Honigbienen leben in Baumstämmen, der Imker jedoch stellt seinen Bienen ein eigenes Zuhause zur Verfügung. Da die Tiere meist mehr Honig produzieren, als sie brauchen, darf der Imker ihnen ein wenig Honig wegnehmen und in Gläser füllen.

Der Bienenstock des Imkers

Das künstliche Zuhause bei einem Imker fühlt sich für die Bienen fast so an wie das Leben in einem dunklen, hohlen Baumstamm. Die Rähmchen im Inneren der Bienenbeute – so nennt man die Behausung der Bienen – sind mit Wachs ausgekleidet, damit die Bienen beim Bauen der Waben weniger Arbeit haben. Zugang zum Bienenstock haben die Tiere durch das Flugloch.

Honig ernten

Will der Imker den Honig ernten, nimmt er die Rähmchen aus der Bienenbeute. Dabei trägt er einen Schutzanzug mit Gesichtsschleier, damit er von seinen Bienen nicht gestochen wird. In einiger Entfernung vom Bienenstock kratzt der Imker anschließend den Honig aus den Waben und füllt ihn in Gläser.

Genug Honig für die Bienen

Gute Imker gehen sehr sanft mit ihren Bienen um und lassen ihnen genug Honig übrig, damit die Tiere gut über den Winter kommen. Leiden sie trotzdem Hunger, füttert er sie.

Bienen in der Stadt

Bienen geht es in Städten nicht grundsätzlich schlecht. Dort stehen ihnen oft alle möglichen Arten von Blumen zur Verfügung: in Gärten sowie in Blumenkästen und -töpfen auf Balkons und Terrassen.

Wusstest du schon ...?

Honig ist sehr gut für dich! Er schmeckt nicht nur köstlich, sondern heilt auch Schnittwunden und Infektionen. Bienenwachs kommt in Feuchtigkeitslotionen, Seifen, Lippenbalsam und sogar Möbelpolituren zum Einsatz.

Wie machen Bienen Honig?

Honigbienen machen im Frühjahr und Sommer Honig, den sie als Wintervorrat einlagern. Ein starkes Bienenvolk produziert so viel Honig, dass es die Zeit, in der es weniger Blumen gibt, gut überlebt. Doch wie machen Bienen Honig?

Die Arbeiterinnen sammeln Nektar aus den Blüten und bewahren ihn zunächst in ihrem speziellen Honigmagen auf. Dieser kann sich je nach Bedarf öffnen und schließen.

Mit dem Nektar fliegen die Bienen in den Stock zurück.

Dort spucken sie den Nektar in offene Waben. Anschließend kosten andere Arbeiterinnen in dem Stock davon. Sie flattern mit den Flügeln, um den Nektar zu trocknen.

Viele Bienen arbeiten daran, dass aus dem Nektar schließlich köstlicher, klebriger Honig wird, der sicher im Bienenstock lagert.

Zum Schluss versiegelt eine Biene die Honigwabe mit sauberem, weißem Wachs, das den Wintervorrat der Tiere schützt.

Verschiedene Honigsorten

Es gibt viele verschiedene Sorten von Honig. Kannst du den Unterschied schmecken?

Du brauchst

- 1 Glas »normalen« Supermarkthonig
- 1 Glas »Spezialhonig« deiner Wahl
- 2 Teelöffel
- 1 Glas Wasser

Und so geht's

1 Lass dir von einem Erwachsenen das Etikett auf dem »Spezialhonig« vorlesen, um mehr über den Honig zu erfahren. Falls möglich, recherchiere auch im Internet.

2 Sieh dir den Honig genau an: Welche Farbe hat er? Ist er flüssig, geleeartig oder fest?

3 Nimm einen Teelöffel und probiere den Honig. Wie schmeckt er? Trink einen Schluck Wasser und probiere den anderen Honig. Schmeckt dieser anders?

Was kannst du beobachten?

Nektar stammt aus duftenden Blumen, er aromatisiert den Honig. Deshalb schmeckt jeder Honig ein wenig anders. Naturhonig kann klar oder trüb, flüssig oder fest sein – er ist aber immer gut für dich!

Lavendelhonig schmeckt blumig.

Borretschhonig schmeckt sehr mild.

Manuka-Honig heilt, schmeckt aber scheußlich!

Als Bienen und Elefanten noch Freunde waren

Vor sehr langer Zeit, als die Erde noch jung war, waren Elefanten und Bienen noch Freunde. Heute haben Elefanten Angst vor Bienen. Warum, erzählt uns diese Geschichte aus Thailand …

Vor langer, langer Zeit hatten Elefanten noch kurze Schnauzen statt langer Rüssel. Sie mussten sich sehr anstrengen, um genug Nahrung und Wasser zu bekommen, lebten aber gemeinsam mit den Bienen glücklich im Wald.

Eines Tages suchte ein schreckliches Feuer das Land heim.

Alle Tiere, die im Wald lebten, versuchten zu fliehen. Die Bienen flogen ganz weit oben, um nach einem sicheren Ort Ausschau zu halten. Sie entdeckten einen Fluss und sagten dies den Elefanten.

Um sie vor dem Rauch zu schützen, nahmen die Elefanten die Bienen in ihren Mund. Sie liefen und liefen, bis sie endlich auf den rettenden Fluss trafen.

Als die Elefanten die Bienen aus ihrem Mund herauslassen wollten, weigerten diese sich: »Uns gefällt es hier, wir bleiben.« Daraufhin versuchten die Elefanten, die Bienen hinauszuprusten – doch umsonst!

Die Elefanten prusteten so kräftig und so lange, dass ihre Schnauzen immer länger und schließlich zu Rüsseln wurden. Die Bienen kamen aber immer noch nicht heraus! Deshalb liefen die Elefanten in den Wald zurück und atmeten den Rauch ein. Das vertrieb die Bienen schließlich.

Seitdem bauen Bienen ihre Nester in hohlen Baumstämmen, denn diese erinnern sie an den Rüssel der Elefanten. Und seitdem haben Elefanten Angst vor Bienen (obwohl sich die Rüssel als sehr nützlich erwiesen haben).

Hummeln

Auch Hummeln leben genau wie Honigbienen in Völkern mit einer Königin, doch sind ihre Völker viel kleiner und umfassen nur etwa 100 bis 500 Tiere. Meist leben sie in alten Mauselöchern oder unter langen Grasbüscheln.

Sehr nützliche Tiere

Hummeln sind exzellente Bestäuber, ohne sie gäbe es viele Wildblumen und Früchte nicht. Doch was macht sie zu solch guten Bestäubern?

Wir haben verschieden lange Rüssel, um in verschiedene Blüten hineinzugelangen.

Dunkle Erdhummel

Steinhummel

Wir haben sehr pelzige Körper, an denen der Pollen gut haften bleibt.

Ackerhummel

Wir können Blumen bestäuben, die andere Bienen nicht bestäuben können. Manche Blumen schließen ihren Pollen fest ein – doch wir schütteln ihn heraus!

Wusstest du schon ...?

Bienen kommunizieren auch über den Geruch. Sie hinterlassen duftende Fußabdrücke auf Blütenblättern, um anderen Bienen mitzuteilen, dass hier der Nektar bereits geerntet wurde. Hat die Blume wieder Nektar produziert, ist auch der Geruch verschwunden.

In Australien gibt es keine Hummeln. Dort haben andere Bienen die Vibrationsbestäubung übernommen.

Blaugebänderte Pelzbiene

Vibrieren und summen

Hummeln und einige andere Bienen summen sehr laut, wenn sie Blumen bestäuben. Das nennt man Vibrationsbestäubung. Probier es doch einmal selbst!

Du brauchst

- Streuzucker
- Plastikbecher
- Klarsichtfolie
- Gummiband
- Einen spitzen Bleistift
- Tablett

Und so geht's

1 Gib etwas Zucker in den Plastikbecher. Bedecke den Becher mit Klarsichtfolie und sichere die Folie mit einem Gummiband.

2 Bitte einen Erwachsenen, mit einem spitzen Bleistift kleine Löcher in die Folie zu bohren. Das ist dein »Pollenpott«!

3 Schüttle den Becher über einem Tablett und mach dabei ein summendes Geräusch.

Was kannst du beobachten?

Tomaten, Kartoffeln und Heidelbeeren brauchen Vibrationsbestäubung, denn diese Pflanzen schließen ihren Pollen in den Staubbeuteln ein. Der Staubbeutel hat kleine Löcher, aus denen der Pollen herausgeschüttelt werden muss – wie der Zucker aus deinem Becher. Die Bienen schütteln den Staubbeutel mithilfe ihrer Flugmuskeln und mithilfe des Summens.

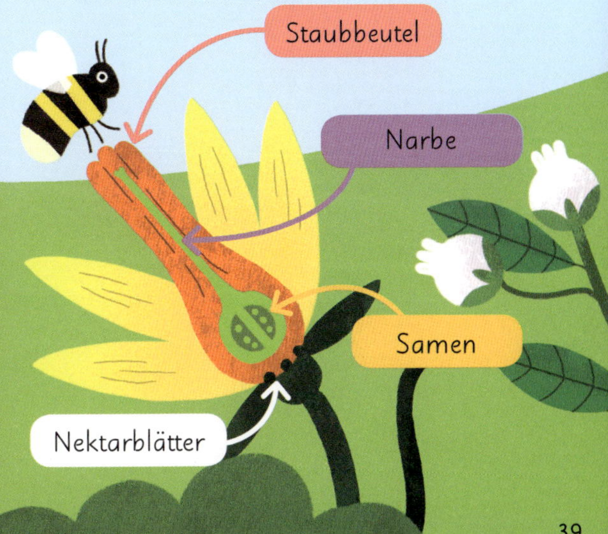

Ein Heim für Hummeln

Viele Hummeln leben unter der Erde. Manchmal nisten sie unter einem Kompostierer oder Schuppen. Warum baust du ihnen nicht ein schöneres Heim?

Wir mögen ruhige Orte, an denen wir nicht gestört werden.

Gut geeignet sind ruhige, überwucherte Bereiche. Vielleicht gibt es hinter deiner Schule einen solchen Ort.

Frage einen Erwachsenen nach dem besten Platz für dein Hummelheim.

Du brauchst

- Einen Spaten
- Blumentopf (mindestens 20 cm Ø)
- 1 Stück alten Gartenschlauch, ca. 1 Meter lang
- Stroh oder Einstreu für Meerschweinchen
- Eine alte Fliese

Und so geht's

1. Grabe mit einem Erwachsenen ein etwa 5 Zentimeter tiefes Loch, das groß genug für den Blumentopf ist. Dreh den Topf um und prüfe immer wieder, ob er in das Loch hineinpasst. Nimm den Topf anschließend wieder heraus.

2. Steck den Gartenschlauch mit einem Ende in die Mitte des Lochs. Das andere Ende ist der Eingang deines Hummelheims.

3 Gib eine große Handvoll Stroh in den Topf und stülpe ihn vorsichtig über den Gartenschlauch.

4 Lege die Fliese auf das Loch im Blumentopf, damit es nicht hineinregnet.

5 Bedecke den sichtbaren Teil des Schlauchs mit Erde, sodass nur das Einflugloch herausschaut. Sichere auch den Topf mit etwas Erde.

Was kannst du beobachten?

Zieht jemand ein, kannst du Hummeln um das Nest herum beobachten. Sie werden landen und in das Einflugloch schlüpfen. Aber Achtung: Störe die Hummeln in ihrem neuen Heim nicht! Sie möchten gern in Ruhe die umliegenden Pflanzen bestäuben.

Wusstest du schon …?

Die Hummelkönigin lebt im Nest und legt dort die Eier. Die Arbeiterinnen kümmern sich um das Nest, sammeln Nahrung und ziehen die Jungen groß. Im Gegensatz zum Nest der ordentlichen Honigbiene sieht es in einem Hummelnest ganz schön unaufgeräumt aus!

Flauschige Hummeln basteln

Bastle dir aus schwarzer und gelber Wolle deine eigene süße Hummel.

Du brauchst
- Pauspapier
- Karton
- Schere
- Schwarze und gelbe Wolle
- Schwarze Pfeifenreiniger
- Leim
- 2 Augen zum Aufkleben
- Stock und Schnur

Und so geht's

1 Pause den Bommel mithilfe der Schablonen auf Seite 61 ab und übertrage ihn auf Karton. Schneide die beiden Ringe aus.

2 Lege sie aneinander und umwickle sie vollständig mit schwarzer Wolle. Die Wollenden befinden sich auf der Außenseite des Rings.

3 Umwickle den Ring nun vollständig mit gelber Wolle. Auch hier befinden sich die Wollenden auf der Außenseite des Rings.

4 Umwickle den Ring nun abwechselnd mit schwarzer und gelber Wolle. Fahre so fort, bis der Ring innen ganz mit Wolle gefüllt ist. Die letzte Schicht besteht aus schwarzer Wolle.

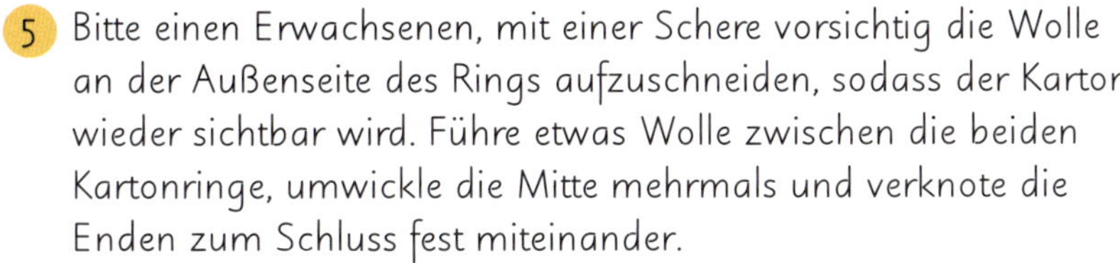

5 Bitte einen Erwachsenen, mit einer Schere vorsichtig die Wolle an der Außenseite des Rings aufzuschneiden, sodass der Karton wieder sichtbar wird. Führe etwas Wolle zwischen die beiden Kartonringe, umwickle die Mitte mehrmals und verknote die Enden zum Schluss fest miteinander.

6 Nimm die Kartonringe heraus und lockere die Wolle zu einem Bommel auf. Schneide überstehende Fäden mit der Schere ab.

7 Pause die Flügel mithilfe der Schablone auf Seite 61 ab und schneide die Pfeifenreiniger zu Beinen und Fühlern zurecht. Klebe sie zusammen mit den Augen an den Bommel. Befestige die Hummel an einer Schnur und die Schnur an einem Stock und begib dich dann auf Nektarsuche!

Es gibt auch Hummeln mit schwarzem, braunem oder beigefarbenem Körper, die manchmal orangefarbene, gelbe, cremeweiße oder weiße Streifen haben. Sei einfach kreativ!

Baue ein Sandbienennest

Solitärbienen leben allein oder in kleinen Gruppen einzelner Nester zusammen. Viele Solitärbienen nisten unter der Erde. Kannst du auch ein **Sandbienen**nest bauen?

Du brauchst

- Tablett
- Sand
- Wasser
- Strohhalm
- Wattebäuschchen
- Glitter
- Klarsichtfolie
- Messbecher

Und so geht's

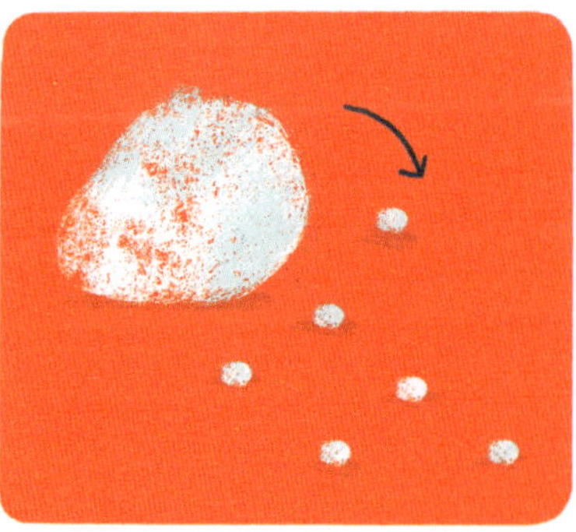

1. Mische auf einem wasserfesten Tablett Sand mit ein wenig Wasser. Die Masse sollte kompakt und nicht zu wässrig sein.

2. Bohre mit einem Strohhalm ein tunnelähnliches Loch in den Sand und schichte den herausgebohrten Sand um das Loch herum auf. Wiederhole das Ganze, bis du insgesamt sechs Löcher hast.

3. Nimm etwas Watte von einem Wattebausch und rolle sie zu sechs winzigen Kügelchen. Diese Kügelchen sind die »Eier«.

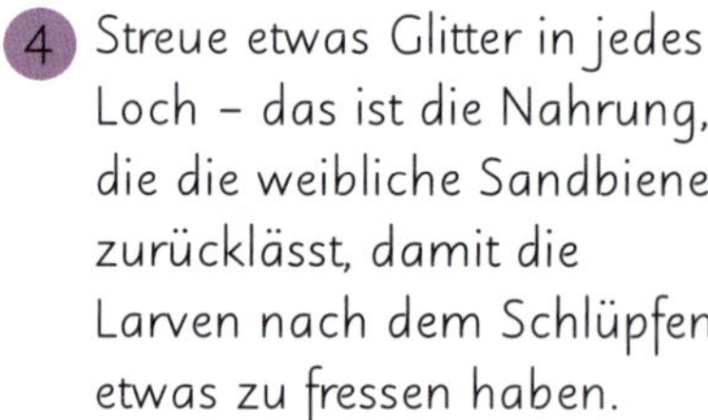

4. Streue etwas Glitter in jedes Loch – das ist die Nahrung, die die weibliche Sandbiene zurücklässt, damit die Larven nach dem Schlüpfen etwas zu fressen haben.

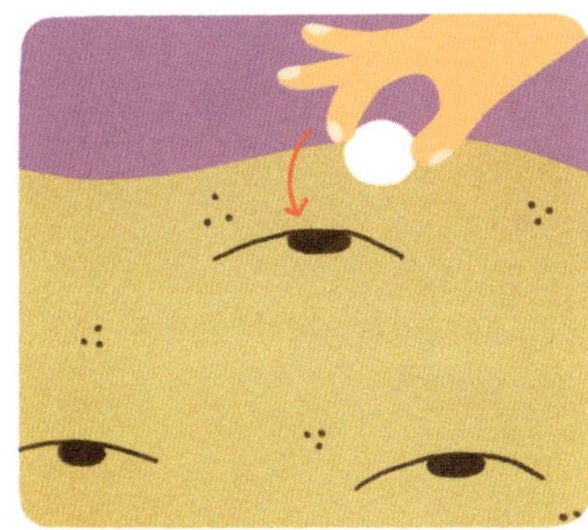

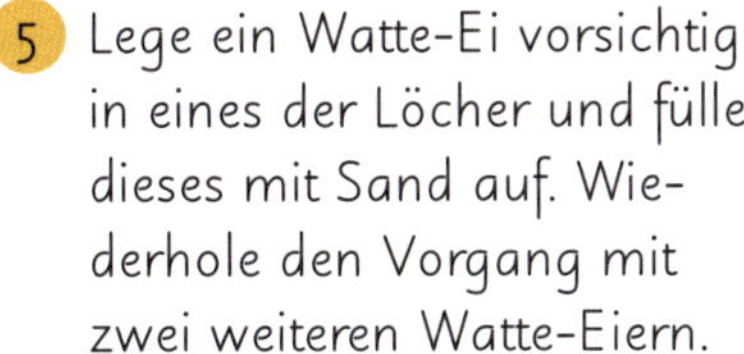

5 Lege ein Watte-Ei vorsichtig in eines der Löcher und fülle dieses mit Sand auf. Wiederhole den Vorgang mit zwei weiteren Watte-Eiern.

6 Hülle die restlichen Watte-Eier einzeln in Klarsichtfolie und lege sie in die restlichen Sandlöcher. Fülle auch diese Löcher mit Sand auf.

7 Fülle den Messbecher mit Wasser und gieße es vorsichtig auf den Sand. Warte 5 Minuten und grabe die Eier dann aus.

Was kannst du beobachten?

Manche Bienen kleiden ihr Nest mit einer Flüssigkeit aus, die beim Trocknen hart und wasserfest wird. So sind die Eier bei starkem Regen oder einer Überschwemmung geschützt. In ähnlicher Weise sollten die in Klarsichtfolie gewickelten Eier im Gegensatz zu den anderen trocken sein.

Rotpelzige Sandbiene

Wusstest du schon ...?

Das Sandbienenweibchen legt das Ei im Nest auf einen Ballen aus Nektar und Pollen. Dann verlässt es das Nest und kehrt nicht wieder zurück. Ist die Larve geschlüpft, frisst sie die Nahrung und verwandelt sich in eine Puppe. Diese **überwintert** in ihrem Nest. Und ist dann der Frühling gekommen, verlässt auch die junge Sandbiene das Nest und sucht Obstbäume auf, um selbst Nektar und Pollen zu sammeln.

Schenk der Solitärbiene ein Zuhause

In diesem Zuhause können Solitärbienen wie Blattschneider- oder Mauerbienen nisten. Platziere es auf der Sonnenseite einer Mauer oder eines Zauns und sieh zu, wie die Bienen es beziehen!

Du brauchst

- Leere, saubere 1-Liter-Plastikflasche
- Lineal
- Schere
- Schnur
- Strohhalme aus Papier oder Röhrchen aus Bambus oder echtem Stroh

Und so geht's

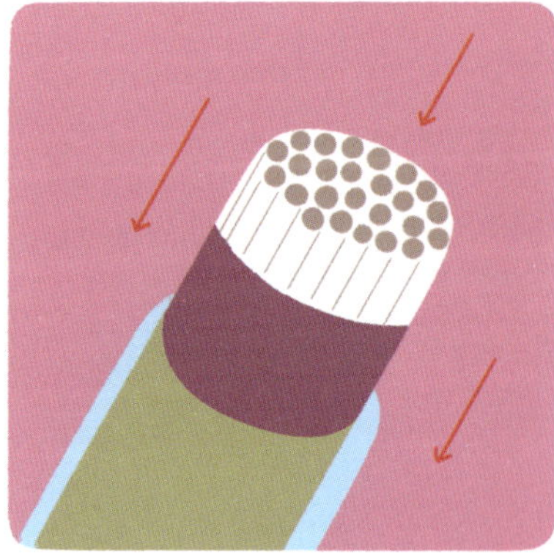

1. Bitte einen Erwachsenen, in der Mitte der Flasche 15 Zentimeter abzumessen und oberes sowie unteres Ende der Flasche abzuschneiden.
2. Zieh eine ausreichend lange Schnur durch die Flasche; sie dient dir später dazu, das Nest aufzuhängen.
3. Schneide die Strohhalme oder Bambusröhrchen auf 15 Zentimeter Länge zurecht und stecke sie dicht an dicht in die Flasche, sodass sie nicht herausfallen.

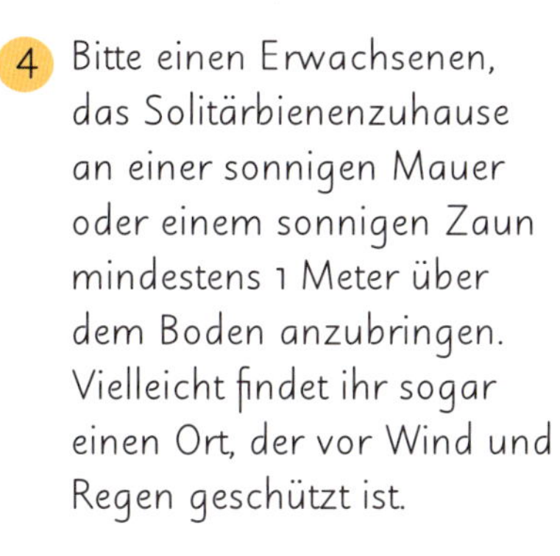

4 Bitte einen Erwachsenen, das Solitärbienenzuhause an einer sonnigen Mauer oder einem sonnigen Zaun mindestens 1 Meter über dem Boden anzubringen. Vielleicht findet ihr sogar einen Ort, der vor Wind und Regen geschützt ist.

Was kannst du beobachten?

Zur Nistzeit kannst du vielleicht kleine Bienen beobachten, die um das Nest herumschwirren. Ist es von Blattschneiderbienen bezogen worden und haben sie Eier gelegt, kannst du Blätter in den Strohhalmen erkennen. Hat eine Mauerbiene genistet, steckt Erde in den Halmen. Sind die Jungen gschlüpft, kannst du ihnen dabei zusehen, wie sie das Nest verlassen.

Bienen nisten nicht gern in wackligen Nestern oder an schattigen, zugigen Orten.

Wusstest du schon …?

Blattschneiderbienen trennen die Eier in den Niströhrchen durch kleine Blattstückchen voneinander. Dafür benutzen Mauerbienen lehmige Erde. Um das Nest vor Fressfeinden wie Vögeln zu schützen, versiegeln die Mauerbienen die Eingänge ebenfalls mit Erde.

Schutz vor Stichen

Bienen stechen nur, um sich und ihr Volk zu schützen. Im Gegensatz zu den eher übellaunigen Wespen sind Bienen nicht aggressiv; kommst du ihnen allerdings zu nahe und fühlen sie sich bedroht, müssen sie sich verteidigen. Sei vorsichtig und sanft!

Stachellose Bienen

Die Tiere leben in den tropischen Regionen Australiens, Afrikas, Asiens und Amerikas. Auch ohne Stachel können sie sich schützen: durch Bisse. Sie leben in Völkern mit einer Königin zusammen und produzieren einen speziellen Honig, den man essen und mit dem man Krankheiten behandeln kann.

Honigbienenköniginnen haben weiche Stachel und können mehrmals stechen. Da sie jedoch den Großteil ihres Lebens im Bienenstock verbringen, ist ein Stich unwahrscheinlich.

Honigbienenarbeiterinnen besitzen einen Stachel mit Widerhaken. Sticht die Arbeiterin, bleibt der Stachel meist in der Wunde stecken. Da Honigbienen sterben, wenn sie ihren Stachel verloren haben, benutzen sie ihn nur in Notsituationen – um sich und ihr Volk zu schützen.

Was Bienen schadet

Imkern und Wissenschaftlern zufolge gibt es immer weniger Bienen. Wir brauchen die Tiere aber zur Bestäubung, damit Pflanzen und Früchte wachsen. Nun versuchen Forscher herauszufinden, woran das Bienensterben liegt.

Früher gab es hier viele Insekten und andere Tiere – heute nicht mehr.

Kranke Bienen

Sind Bienen einmal krank, ist es sehr schwierig, ihnen zu helfen. Hier muss man vorbeugend tätig werden und verhindern, dass die Tiere überhaupt krank werden. Und das geht am besten, indem man ihnen ausreichend Nahrung und Lebensraum zur Verfügung stellt.

Verlust des Lebensraums

Leider hat der Mensch viele Orte zerstört, an denen Bienen nisten und Blumen wachsen konnten. Wir bauen immer größere Städte, und naturbelassene Flächen, auf denen Tiere leben und Pflanzen gedeihen können, schrumpfen.

Insektizide

Insektizide töten Insekten, darunter auch Bienen. Wenn wir in Garten und Landwirtschaft weniger oder gar keine Insektizide mehr verwenden, schützen wir damit auch unsere wertvollen Bienen.

Bienen in der Stadt

Stell dir eine Stadt vor, in der es viele Grünflächen und Gebäude mit Blumenkästen vor den Fenstern sowie Gärten auf dem Dach gibt. In einer solchen Stadt voller Pflanzen und Nistplätze würden sich auch Bienen wieder wohlfühlen.

Rettet die Bienen!

Weg mit Insektiziden!

Jeder kann etwas tun

- Wir können Blütenpflanzen für Bienen anbauen.
- Wir können Schutzgebiete einrichten, in denen Bienen Nistplätze finden.
- Wir können an den Rändern landwirtschaftlich genutzter Flächen Wildblumen anbauen.
- Wir können auf Insektizide verzichten.
- Wir können Bienenhäuser errichten.
- Wir können Wasserschalen für Bienen aufstellen.

Wusstest du schon …?

Fast überall dort, wo Bienen krank wurden und gestorben sind, hat man Varroamilben gefunden. Sie übertragen Krankheiten auf junge und erwachsene Bienen.

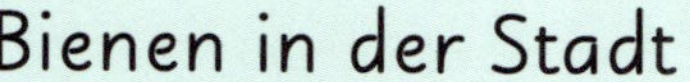

Saatbomben

Saatbomben sind eine tolle Möglichkeit, Wildblumen auszusäen, die Bienen lieben. Du kannst Saatbomben kaufen oder selbst welche basteln. Dann brauchst du nur noch einen geeigneten Ort, um sie zu werfen.

Du brauchst

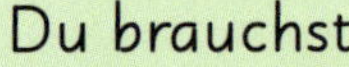

- 3 EL Lehmpulver
- 6 EL Kompost
- 1 Päckchen bienenfreundliche Wildblumensamen
- Eine alte Rührschüssel

Und so geht's

1. Suche dir mit einem Erwachsenen einen geeigneten Ort für deine Saatbomben. Das könnte der eigene Garten, der Schulgarten oder eine Grünfläche in der Stadt sein.
2. Gib alle Zutaten in die Schüssel und füge ein wenig Wasser hinzu.
3. Vermenge alles gut mit den Händen. Die Mischung sollte glatt, aber nicht klebrig sein. Forme kleine Kugeln daraus.
4. Platziere die Saatbomben an dem ausgewählten Ort und wässere sie gründlich.

Auf dem Samenpäckchen steht, wann der Inhalt am besten gesät werden sollte.

Säe die Samen noch an dem Tag aus, an dem du die Saatbomben hergestellt hast.

Was kannst du beobachten?

Nach etwa drei Wochen werden sich die ersten Schösslinge ihren Weg aus der Saatbombe bahnen und in der Erde Wurzeln schlagen. Die kleinen Pflanzen werden dann allmählich zu Blumen heranwachsen – die die Bienen nähren und ihnen Schutz geben!

Du kannst die Samen auch direkt auf die frisch mit dem Rechen bearbeitete Erde geben. Vergiss nur nicht, sie gründlich zu wässern!

Du kannst dir deine Mischung aus Wildblumensamen auch selbst zusammenstellen.

Köche und Bienen lieben Kräuter!

Wusstest du schon …?

Bienenfreundliche Gärtner bauen das ganze Jahr über Pflanzen an, damit jede Art von Biene etwas von ihnen hat. Und auch wer keinen eigenen Garten hat, kann den Bienen trotzdem helfen: Platz für einen Blumenkasten vor dem Fenster findet sich immer.

Bienen brauchen Wasser!

Jeder weiß, dass Bienen ihre Nahrung in Blumen finden, doch wie jedes andere Tier brauchen sie auch Wasser. Vielen Bienen reicht das Wasser im Nektar aus, Honigbienen aber brauchen zusätzliches Wasser. Warum?

Zur Kühlung

In heißen Sommern kann es im Bienenstock sehr warm werden, und so müssen Eier und Larven gekühlt werden. Dafür geben die Arbeiterinnen über ihren Rüssel ein wenig Wasser auf die Waben und schlagen dann wild mit den Flügeln. Das Wasser verdunstet, und es wird kühler.

Bienen lieben das Zuckerwasser des Nektars!

Als Weichmacher

Im Winter kann der Honig schon mal so hart werden, dass die Bienen ihn nicht mehr fressen können. Ein wenig Wasser macht ihn dann wieder weich und essbar.

Arbeiterinnenlarven werden mit spezieller Brutnahrung gefüttert.

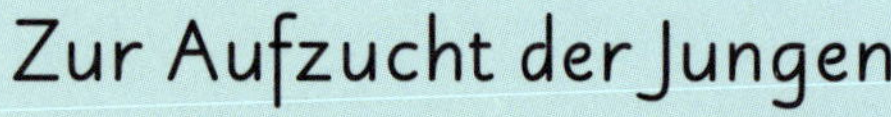

Zur Aufzucht der Jungen

Eine sehr wichtige Aufgabe der Arbeiterinnen besteht darin, die Larven mit Gelée royale und Brutnahrung zu füttern. Zur Herstellung dieser Nahrung brauchen sie allerdings jede Menge Pollen, Nektar und Wasser.

Wasserschale für Bienen

Honigbienen brauchen Wasser, um zu überleben, sie können es aber nicht einlagern. Du kannst den Bienen helfen, indem du ihnen einen sicheren Wasservorrat zur Verfügung stellst.

Du brauchst

- Eine flache Schale
- Murmeln
- Wasser

Und so geht's

1. Suche dir einen ruhigen Ort für die Wasserschale. Ein geeigneter Ort wäre z. B. ein Blumenbeet.
2. Leg die Murmeln in die Schale und gib Wasser darauf. Die Murmeln müssen noch herausschauen – sie dienen den Bienen als Landeplatz.
3. Sieh jeden Tag nach, ob noch genug Wasser in der Schale ist.

Die meisten Arbeiterinnen begeben sich vom Bienenstock aus auf Nektar- und Pollensuche, manche sammeln aber auch Wasser.

Wusstest du schon ...?

Bienen mögen ihr Wasser nicht allzu sauber. Sie haben es gern, wenn sich schon eine grüne Schicht im Wasserbehälter abgesetzt hat. Wahrscheinlich erkennen sie es dann besser am Geruch, denn völlig sauberes Wasser gibt es in der Natur ja auch nur an Quellen.

Bienen und Elefanten helfen

Bienen machen nicht nur den Honig, den wir so gern essen, sie sind auch anderweitig sehr nützlich – wie diese Geschichte aus Kenia zeigt.

Elefanten müssen manchmal sehr lange nach Wasser suchen. Dabei folgen sie Pfaden, die ihre Familie schon seit Jahren benutzt. Als der Mensch aber immer mehr Platz brauchte, baute er ganz nah an den Elefantenpfaden Dörfer. Und die Dinge, die er dort anbaute, wurden von den Elefanten gefressen.

Das war nun ein großes Problem. Die Menschen im Dorf ärgerten sich, dachten nach – und hatten eine Idee.

Doch das funktionierte nicht, denn Elefanten sind ziemlich klug. Sie wussten, dass es keine echten Bienen im Dorf gab, ignorierten das Summen und fraßen munter weiter. Bis jemand eine viel bessere Idee hatte …

Diese Idee funktionierte sehr gut, denn vor echten Bienen hatten die Elefanten tatsächlich Angst. So hielten sie sich fortan von den Feldern fern.

Die Menschen im Dorf waren glücklich. Nun hatten sie genug zu essen und obendrein noch Honig! Da sie sogar mehr Honig hatten, als sie essen konnten, begannen sie, ihn zu verkaufen. Sie nannten ihn »elefantenfreundlichen Honig«, weil er dabei half, die Einwohner des Dorfes und die Elefanten in sicherem Abstand zueinander zu halten.

Honigkekse

Beeindrucke deine Freunde mit leckeren selbst gebackenen Honigkeksen!

Auf Seite 34 erfährst du, wie Bienen Honig machen.

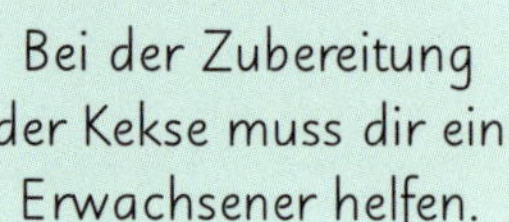

Und so geht's

Bei der Zubereitung der Kekse muss dir ein Erwachsener helfen.

Du brauchst

- 200 g Honig
- 200 g ungesalzene Butter
- 200 g braunen Zucker
- 400 g Haferflocken
- 50 g getrocknete Früchte oder Nüsse (wenn du sie magst)
- Backform (20 x 25 cm)
- Backpapier
- Schere
- Topf
- Holzlöffel
- Messer
- Schürze
- Ofenhandschuhe

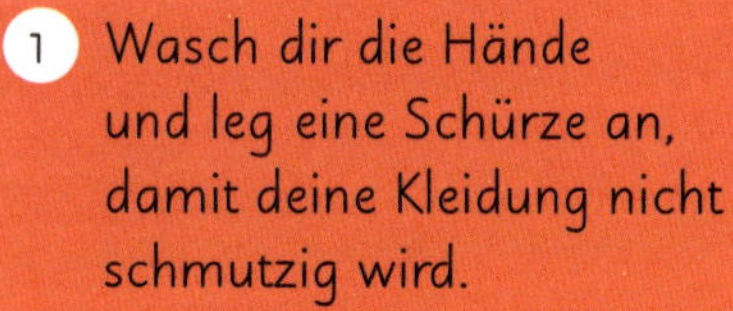

1 Wasch dir die Hände und leg eine Schürze an, damit deine Kleidung nicht schmutzig wird.

2 Kleide die Backform vollständig mit Backpapier aus. Bitte einen Erwachsenen, den Backofen auf 150 °C vorzuheizen.

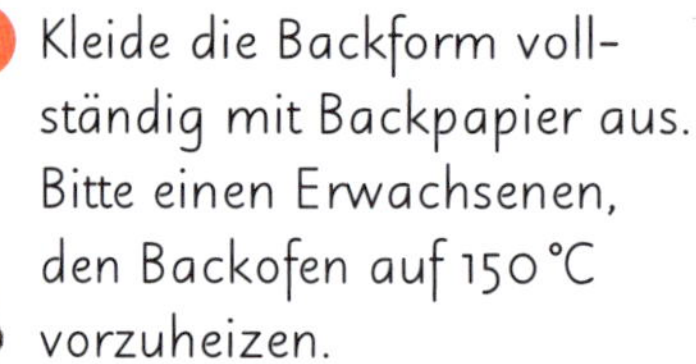

3 Wiege die Zutaten ab und gib sie in Schüsseln, damit du sie bei der Zubereitung gleich zur Hand hast.

4 Gib Butter und Zucker in einen Topf und verrühre sie bei niedriger Temperatur so lange mit einem Holzlöffel, bis die Butter geschmolzen ist.

5 Nimm den Topf vom Herd. Füge den Honig hinzu und verrühre ihn gründlich. Gib die Haferflocken und die getrockneten Früchte hinein und verrühre noch einmal alles gründlich.

6 Fülle die Mischung in die vorbereitete Backform und verteile sie mit dem Rücken des Holzlöffels gleichmäßig auf dem Boden der Form.

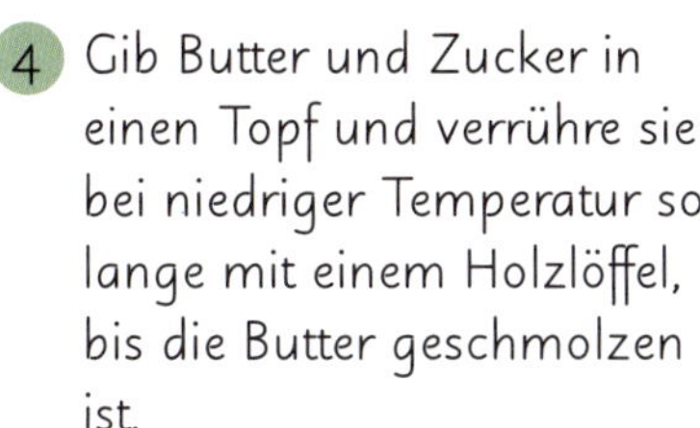

9 Sind die Form und ihr Inhalt abgekühlt, nimm den Riesenkeks heraus und schneide ihn in Quadrate. Guten Appetit!

7 Stelle die Form für 40 Minuten in den Ofen (und hilf dem Erwachsenen in dieser Zeit beim Aufwasch!).

8 Zieh dir Ofenhandschuhe an, nimm die Form aus dem Ofen und lass die Mischung abkühlen.

Schablonen

Seite 16

Seite 18

Seite 21

Seite 42

Seite 43

Glossar

Arbeiterinnen Weibliche Tiere bei den Honigbienen, den Hummeln und den Stachellosen Bienen. Sie verrichten die ganze Arbeit!

Befruchtung Der Moment, in dem sich aus einem Samen oder einem Ei neues Leben zu entwickeln beginnt.

Bestäubung Transport des Pollens von den Staubbeuteln zur Narbe einer anderen Pflanze. Ist eine Pflanze bestäubt, werden ihre Samen befruchtet und neues Leben beginnt.

Brutnahrung Spezielle, von Arbeiterinnen produzierte Nahrung, die an die Honigbienenlarven verfüttert wird.

Drohnen Männliche Honigbienen. Sie besitzen keinen Stachel.

Ei Wird von einer weiblichen Biene gelegt und ist der Beginn eines Bienenlebens. Bei Honigbienen, Hummeln und Stachellosen Bienen legt nur die Königin Eier.

Gelée royale Spezieller Futtersaft, mit dem vor allem die zukünftige Königin gefüttert wird. Auch die erwachsene Königin ernährt sich davon.

Honig Süße und klebrige Nahrung, die Bienen aus dem Nektar der Blüten herstellen. Honig schmeckt nicht nur den Bienen, sondern auch uns Menschen.

Honigbienen Bienen, die als Volk zusammenleben (staatenbildend) und die so viel Honig produzieren, dass sich das Volk im Winter, wenn es keine Blumen gibt, davon ernähren kann.

Hummeln Große, dicke, behaarte Bienen, die die Vibrationsbestäubung vornehmen. Dabei erzeugen sie mit ihrem Flügelschlag Schwingungen, die die

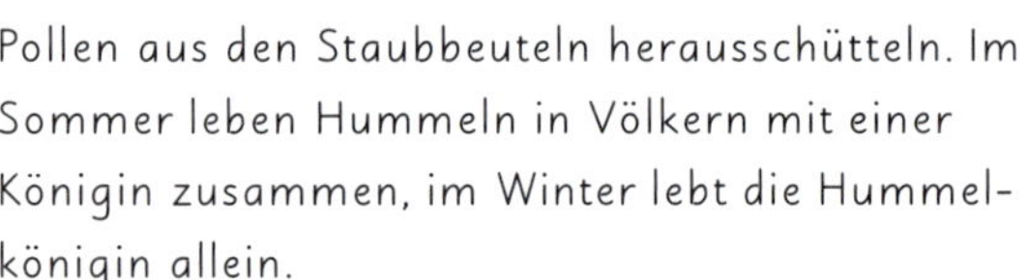

Pollen aus den Staubbeuteln herausschütteln. Im Sommer leben Hummeln in Völkern mit einer Königin zusammen, im Winter lebt die Hummelkönigin allein.

Insektizide Chemikalien, mit denen Gärtner und Landwirte Schädlinge bekämpfen und die Produktivität der Pflanzen steigern wollen. Leider töten manche Schädlingsbekämpfungsmittel auch Bienen.

Kohlenhydrate Verschiedene Zucker- und Stärkearten, die als Energiequelle dienen. Bienen ernähren sich nur von dem Zucker in Nektar und Honig.

Königin Spezielles weibliches Tier bei den Honigbienen, den Hummeln und den Stachellosen Bienen. Allein die Königin kann Eier legen.

Larve Babybiene, die aus einem Ei geschlüpft ist und wie ein kleiner Wurm aussieht.

Mandibeln Kiefer oder Mundwerkzeuge der Biene, mit denen sie Nahrung kaut und Dinge formt.

Narbe Teil der Pflanze, der mit Pollen behaftet sein muss, damit die Bestäubung stattfinden kann.

Nektar Süße und wässrige Nahrung, die von Blüten produziert wird. Von ihr ernähren sich vor allem Bienen, manche Bienen machen Honig aus ihr.

Nektarblätter Teil der Pflanze, meist der Blüte, der Nektar produziert.

Pollen Protein-, d. h. eiweißreiche Nahrung für Bienen, die in den Staubbeuteln von Blüten produziert wird. Die Pflanze braucht den Pollen, um Samen hervorzubringen.

Puppe Babybiene auf dem Weg von der Larve zur erwachsenen Biene.

Rüssel Bienen»zunge«, die wie ein Strohhalm benutzt wird. Damit saugt sie Nektar oder Honig auf und trinkt ihn.

Samen Entstehen, wenn eine Blüte befruchtet wird. Aus einem Samen wächst eine neue Pflanze heran. Manche Samen befinden sich im Inneren einer Frucht oder einer Nuss.

Sandbienen Solitärbienen, die Löcher graben, um sich ein Nest zu bauen.

Solitärbienen Viele Solitär- oder Wildbienen sind sehr klein und leben oder nisten allein. Beispiele für Solitärbienen sind Blattschneiderbienen, Mauerbienen und Sandbienen.

Stachellose Bienen Bienen, die zu ihrer Verteidigung nicht stechen, sondern beißen. Sie kommen vor allem in tropischen Gegenden vor, wo sie in Völkern leben und Honig produzieren.

Staubbeutel Teil der Pflanze, der Pollen produziert.

Überwinterung Honigbienen überstehen den Winter, indem sie sich im Stock zu einer Wintertraube zusammendrängen und sich so vor Kälte schützen.

Ultraviolettes Licht (UV-Licht) Spezielles Licht, das wir nicht sehen können, das aber unserer Haut schaden kann, weshalb wir uns an sonnigen Tagen eincremen oder langärmlige Kleidung tragen sollten. Bienen hingegen können UV-Licht sehen.

Volk Zusammenschluss vieler Bienen mit einer Königin und Arbeiterinnen.

Wachs Von Bienen produziertes Material, aus dem Brutwaben zur Aufzucht der Jungen und Honigwaben zum Lagern von Honig gebaut werden. Wir machen aus Bienenwachs Kerzen.

Bienenarten

Wissenschaftl. Name	Trivialname
Amegilla cingulata	Blaugebänderte Pelzbiene
Andrena fulva	Rotpelzige Sandbiene
Anthophora plumipes	Gemeine Pelzbiene
Apis dorsata	Riesenhonigbiene
Apis florea	Zwerghonigbiene
Apis mellifera	Westliche Honigbiene
Bombus lapidarius	Steinhummel
Bombus pascuorum	Ackerhummel
Bombus pensylvanicus	Amerikanische Hummel
Bombus terrestris	Dunkle Erdhummel
Habropoda laboriosa	Südöstliche Heidelbeerbiene
Megachile centuncularis	Art der Blattschneiderbienen
Megachile pluto	Art der Blattschneiderbienen
Melipona beecheii	Art der Stachellosen Bienen
Tetragonisca angustula	Art der Stachellosen Bienen
Tetragonula carbonaria	Art der Stachellosen Bienen

Register

Allergien 3, 48
Arbeiterinnen 8, 12, 26, 28, 29, 30, 31, 34, 41, 54, 55
Augen 10, 20–21, 28
Bienengift 3, 48
Bienenhäuser 46–47
Bienenkörper 10–11
Bienen retten 51, 53
Bienenstock 28, 32, 49, 54
Bienentanz 22–23
»Bienen-Violett« 20, 21
Bienenwachs 12, 30, 31, 33, 34
Blattschneiderbienen 8, 47
Brutnahrung 12, 54
Drohnen 8, 26, 28
Eier 12, 13, 28, 45, 47, 54
Elefanten 36–37, 56–57
Flügel 11, 13, 27, 28
Fossilien 7
Gedichte 4–5
Gelée royale 29, 54
Geschichten 36–37, 56–57
Honig 8, 9, 26, 27, 28, 30, 32, 33–35, 49, 54, 58–59
Honigbienen 8, 12–13, 22, 27, 28–34, 49, 54–55
Honigkekse 58–59
Honigwaben 31, 32
Hummeln 9, 25, 27, 38–43, 48
Imker 8, 32–33, 50
Insektizide 17, 50
Königin 8, 12, 26, 28, 29, 30, 31, 41, 49
kranke Bienen 50, 51
Larven 9, 12, 29, 31, 45, 54
Lebenszyklus 12–13
Mauerbienen 46–47
Nektar 7, 8, 14, 18–19, 22, 24, 34, 35, 45, 54
Nester 8, 10, 37, 40–41, 44–47
Pollen und Bestäubung 6, 7, 8, 10, 11, 14–17, 26, 30, 38–39, 45, 50, 54
Puppen 12, 45
Rüssel 10, 14, 24, 38, 54
Saatbomben 52–53
Sandbienen 8, 25, 44–45
Schwarmtrieb 29
Solitärbienen 8, 10, 13, 44, 46–47, 48
Stachellose Bienen 9, 26, 48, 49
Stiche 3, 11, 48, 49
Überwinterung 45
Varroamilben 13, 51
Verlust des Lebensraums 50
Vibrationsbestäubung 38–39
Volk 8, 9, 29, 38, 49
Wasser 54–55
Wespen 6, 48

ISBN 978-3-8094-4301-8

1. Auflage

Autorin: Andrea Quigley

Illustrationen: Pau Morgan

Layout: Clare Barber

Umschlaggestaltung: Atelier Versen, Bad Aibling

Projektkoordination: Birte Dittmann

Übersetzung: Dr. Ulrike Kretschmer, München

Satz und Redaktion: Dr. Alex Klubertanz, Garmisch-Partenkirchen

Herstellung: Angelika Tröger

Printed in China